문학과지성 시인선 348

달 긷는 집

한승원 시집

문학과지성사

문학과지성사에서 펴낸 한승원의 시집

열애 일기(1991)
사랑은 늘 혼자 깨어 있게 하고(1995)
노을 아래서 파도를 줍다(1999)

문학과지성 시인선 348
달 긷는 집

초판 1쇄 발행 2008년 6월 13일
초판 5쇄 발행 2024년 12월 2일

지 은 이 한승원
펴 낸 이 이광호
펴 낸 곳 ㈜문학과지성사

등록번호 제1993-000098호
주　　소 04034 서울 마포구 잔다리로7길 18(서교동 377-20)
전　　화 02)338-7224
팩　　스 02)323-4180(편집) 02)338-7221(영업)
전자우편 moonji@moonji.com
홈페이지 www.moonji.com

ⓒ 한승원, 2008. Printed in Seoul, Korea

ISBN 89-320-1870-6 03810

이 책의 판권은 지은이와 ㈜문학과지성사에 있습니다.
양측의 서면 동의 없는 무단 전재 및 복제를 금합니다.

문학과지성 시인선 348
달 긷는 집

한승원

2008

시인의 말

이 시집,
옷감의 결과 무늬와
바느질 흔적과 호주머니를 없애고
들꽃처럼 수수하게 지은다고 지었는데,
꼬나보니 이승의 말과 저승의 말이 섞여 있다.
어찌하랴, 어찌하랴, 이게 시방 내 삶의 속살인 것을.

2008년 6월 초순
해산토굴에서
한승원

달 긷는 집

차례

시인의 말

서시   9

꽃

꽃   13
쑥국화   14
산 목련꽃   15
누리장나무 꽃   16
족두리 꽃   18
해바라기 꽃   19
하얀 해당화   20
백합꽃   22
치자꽃   23
엉겅퀴 꽃   24
들국화   26
오동나무 꽃   28
흰 수련꽃   29
아내 꽃   30
정각암 수련꽃   32
다시 정각암 수련꽃   33
손자 꽃망울   34

무위사(無爲寺)에서 만난 구름

무위사에서 만난 구름　39
나무　40
다시 '나무'　41
모래밭에서　42
바위의 말　44
하늘 길　45
꽃 울음　46
날개　47
백년지기 내 동무　48
복술이　50
여닫이바다의 혼례　51
산신령님, 사랑하는 산신령님　52
묵란(墨蘭)　54
손거울　56
종려나무 길 따라 오신 사랑하는 나그네 당신　58

토굴 다담(茶談)

절　61
혼자서 죽로차를 마시며　62
사랑 타령　64
세상에서 가장 향기로운 차　66
배릿한 차향　68
수평선　70
그림자　71

매미 소리 72
섬 73
운명 74
등대 75
경계에는 꽃이 피지 않는다 76
농담 하나 78
연꽃 79
미완의 빛살 80
그대를 사랑하는 내 슬픈 눈빛 82
백련차(白蓮茶) 83
내가 늘 하늘을 보는 까닭은 84
마음 85
열꽃 피는 날의 기도 86

사랑하는 나의 허방
내 늘그막의 허방 91
욕조 93
송장헤엄 94
지네와 새우젓 96
감나무 밑에 사는 나의 충직한 청지기 98
해산토굴 삼층석탑 101
자화상 102
석등 104
여름 한낮의 혼음 105
황금술 한복판에서 잠자며 106

오줌 갈기는 선재 소년 107
산돌 키우는 소년 108
여름 한낮의 고요 속에서 110

고향의 달

고향의 달 113
고향 노을 114
나그네새 116
옹달샘 118
'걸어 다니는 갓' 월계 한재순 선생 119
만성(晩星) 한용진 선생 122
박귀심 부인 124
연(鳶) 126

해설 | 거울을 보는 꽃 · 김춘식 128

서시

황혼의
비낀 빛살 아래
집 한 채 짓습니다.

전신주의 벌이줄 감으며 올라가는 하늘수박 덩굴이
타고 가는 소라고둥의 나선 같은
태극의 끝

그 시원의 숲 속
옹달샘에 빠져 있는 달
바가지로 길어가지고 히들거리며 암자로 달려왔
다가
사라져버린 그 달 때문에 슬피 울다가 죽어간
스님,
대취하여 강물 속의 달 건지려다가 익사한
이태백을
기리는
달 긷는 집.

꽃

꽃

우주를 화려하게 색칠하는 것이 꿈인 나는
피어나는 것이 아니고
혈서처럼 세상 굽이굽이에 시를 쓰는 것입니다, 나는
향기를 뿜는 것이 아니고
사랑의 배앓이 하고 나서 달거리를 터뜨리는 것입
니다, 나는
칠보 장식한 비천녀의 공후인
시나위 가락으로 출렁거리는 혼령입니다.
별똥 떨어진 숲까지 다리 놓는 무지개로
쨍쨍 갠 날의 음음한 콧소리 합창으로
원시의 늪지대 달려가는 암컷 사슴의 숨결로
우주를 화려하게 색칠하는 것이 꿈인 나는
피어나는 것이 아니고 혈서처럼 세상 굽이굽이에다
시 같은 웃음을 까르르까르르 알처럼 낳는 것입니다.
향기를 뿜는 것이 아니고 사랑의 배앓이 하고 나서
달거리를 폭죽처럼 터뜨리는 것입니다,
이상(李箱)처럼 객혈하는 것입니다.

쑥국화

 늦가을 고향 뒷산 자드락 길에 피곤 하는 쑥국화 송이송이 따다가 말려 씁쓰름한 맛과 향기를 우려 마시려고 달려갔는데 소복 차림 서넛이 쑥국화 위에 하얀 밀가루를 뿌리고 있었습니다.
 산골 다랑이 논 근처에서 땔나무 한 묶음을 머리에 이고 자드락 길 내려오다가
 쑥국화 떨기 꺾어 킁킁 향기 맡던 홀엄씨,
 시동생들 시집 장가 보내고, 유복자 하나 이끌고 광주로 가서 파출부 노릇 하며 대학엘 보냈는데, 금남로
 피의 소용돌이에 휩쓸려 돌아오지 않자, 하루도 빠짐없이 세 끼 밥 지어 차려놓고 기다리고 또 기다리다가, 가슴에 든 푸른 멍이 피고름 되어 죽어,
 시동생들이 그녀 유골 가루를, 산 다랑이 묵정논에 뿌리고 남은 것 몇 줌을 꿀벌 잉잉거리는 황금색 쑥국화 송이송이에 뿌려주고 있었습니다.

산 목련꽃

건너편 산기슭 무당집
나하고 은밀하게 명다리* 놓은 신어머니의 혼불
별똥들과 함께 뒷산 황장목 숲으로 날아간 이튿날부터
흰 고깔에 소복한 신딸들 씻김굿 하고 살풀이 춤추느라 아쟁 거문고 꽹과리 장구 징 잡이들의 시나위 가락
사흘 밤낮 크흐응, 크흐으응 울어쌓더니
옥색 안개 흐르는 아침에 흰 꽃상여 나갑니다, 너울너울
흰 두건에 흰 두루마기 입은 박수가 요령 흔들며 황새처럼 목 빼 늘이며 하는
선소리에 신딸들의 울음 같은 후렴 상엿소리 어너리 넘자 어와요
겨울의 빈 들판 같은 내 가슴 울리고 앞산 뒷산 맴돌아 새끼무당 나들이 때 입는 반물색 치맛자락 같은 하늘로 사위어갑니다.

* 명다리: 무당과 신도 사이의 신앙 관계.

누리장나무 꽃

 어린 시절 고향 사람들은 하루거리*를 앓으면, 짚 허수아비를
 쓰디쓴 암내 뿜는 누리장나무의 푸른 잔가지들로 감싸 하룻밤 품고 잔 다음
 새벽녘에 삼거리 한가운데에다 버렸습니다.

 내 토굴 동편 언덕의 누리장나무 8월 초순 들어
 연분홍보라색 마름모꼴 꽃받침이 토해낸
 다섯 개의 하얀 꽃잎이 네 개의 꽃 수술을 여치 더듬이처럼 내놓은 채
 분향내를 뿜습니다.

 누리장나무의 순을 잘라다가 나물을 해먹곤 하던
 한쪽 다리 절름거리는 내 고향 마을 아제,
 총각 때 수상한 나그네 재워준 죄로 잡혀가
 고문당하고 냄새바보〔香氣癡〕 되어버린 그 아제,
 발 고린내도 모르고
 옷에 묻은 똥내도 모르고

깨소금의 고소한 향기도 모르고
밥 타는 냄새도 모르고
담배 불똥이 옷에 떨어져 타는 냄새도 몰랐는데,
어디선가 버들가지 같은 허리에 얼굴 보름달인
우렁이각시 하나를 얻어다가 알콩달콩 잘도 살았는데

나중 알고 보니,
그 각시
지독한 암내로 말미암아 소박을 맞은 여인이었습니다.

　＊하루거리: 말라리아.

족두리 꽃

 우리 막내고모 가마 타고 시집에 간 첫날 상다리 휘어지는 신부상을 받았는데, 상 위에는 젓가락으로 집어 먹어야 할 것들뿐이었습니다. 처녀 시절 부뚜막에 앉아 바가지에 밥을 담아 먹곤 한 막내고모는 젓가락질을 할 줄 몰랐습니다. 김치는 손으로 집어 먹고 파래지국은 숟가락 궁둥이로 건져 먹곤 하였으므로.

 울긋불긋한 족두리 쓰고 활옷 입고 연지곤지 찍은 신부 체면에 차마 손으로 집어 먹을 수는 없고, 젓가락으로 집을 수 있는 것은 콩나물뿐이라 그것만 거듭 먹었는데 들러리가 부엌을 향해 말하기를

 '신부상에 콩나물 한 접시 더 주소. 우리 신부는 콩나물만 좋아하네!'

 그날 밤 신랑과 한 이불 속에 들어간 우리 막내고모
 우글거리며 밀고 나오는 방귀를 참고 또 참다가
 배 뒤틀어올라 뒹굴어 다녔는데
 다섯 해 전에 당신 혼자만 아는 먼 나라로 떠나가신 우리 막내고모 시방 내 토굴 화단에서 이 조카 쳐다보며 웃고 있습니다.

해바라기 꽃

　음력 대보름날 마을 회관 마당에서
　물옷 입고 갯벌에서 바지락 캐던 영길이네 막둥이네
　군대 가서 죽은 아들 가슴에 묻은 달보네
　꼭두새벽녘에 서방 따라 거룻배 타고 낙지잡이 다니던 오철이네 달득이네
　치매 앓는 노모 하루 세 차례씩 기저귀 갈아내며 우악우악 토악질하면서도 마슬 나와서는 하하하하 잘 웃는 봉순이네
　서릿바람 맞으며 파 작업 다니던 용칠이네 장식이네 영님이네 광일이네 철구네 순자네
　읍내 시장바닥에서 좌판 벌이고 사는 덕칠이네 창호네 기춘이네 종구네……
　부녀회에서 공동으로 맞춘 쪽빛 치마와 황금색 저고리 차림으로 강강술래 하고, 남생아 돌아라 올래졸래야 돌아라, 굼실굼실 원무 즐기던 그날
　황혼 녘에
　해바라기 씨 몇 알을 토굴 마당가에 심었는데 그해 여름철 내내 황금색 꽃잎들이 해를 물어뜯으며 맴돌았습니다.

하얀 해당화

덧니 수정 같은 그 여자의 아침 산에 노을 지면
내 저녁 하늘에 황금색 별이 뜨곤 하여
첫눈 흩뿌리는 밤
모래톱에서 울부짖는 파도 앞에 놓고 소주로 개차 반 된 내가
그것
담배씨만큼만 보여달라고 하자
소주 한 병 나발 불고 나서 블라우스 자락 훌렁 걷어 올려
유백색의 정구공만 한 젖무덤의 암자주색
오디
보여주고 어흑어흑 통곡하다가 눈물 콧물 훔치며 떠나간 그 여자,

파르라니 깎은 머리에 먹물 빛 장삼에 백팔 염주 하고 와서
까치파도 앞으로 나 이끌어내고 곡차 여남은 잔에 혀 굽은 목 쉰 소리로

'우리 다음 생에는 시계가 되자
너는 발 빠른 분침으로
나는 발 느린 시침으로
한 시간마다 뜨겁게 만나자
순간을 사랑하는 숨결로 영원을 직조해내는
우리 다음 생에는 시계가 되자'*
아, 그
노래하던 순백의 한 많은 넋.

* 첫 시집 『열애 일기』 중의 「시계」 첫 연.

백합꽃

내 가슴
아무도 밟지 않은 눈꽃나라의 꼭두새벽처럼 펼쳐 놓았습니다,
그 신화의 종이에 노을처럼 타오르는 사랑의 시 한 줄 써주십시오,
진주 같은 씨앗 하나 품고 싶습니다.

치자꽃

 아침 안개 너울 쓴
 신부처럼 우윳빛 이빨 가지런히 내놓고 웃는 그녀의 가슴을
 킁킁 코끝으로 더듬는데 뒷산의 뻐꾹새
 뻐꾹뻐꾹 앞산의 장끼
 꿩꿩 동네방네에다 소문내고 있습니다,
 '저것들, 저것들
 시방, 시방
 사랑하고 있네에!'

 그래, 차라리 사랑은
 그렇게 들통나버려야만
 드러내놓고 신명나게 너울거릴 수 있습니다
 주변인들의 호들갑스런 너스레와 떠벌림을 축복 삼아.

엉겅퀴 꽃

푸른 별을 짝사랑한
엉덩짝 큼지막한 원시 부족의 족장인 늙은 그녀의 별호는
야홍화(夜紅花),

마당의 잔디 사이사이
뒷산 골짜기
차밭 고랑 여기저기
오직 그 푸른 별 위하여 이 앙다물고 사느라고
잎과 줄기 가장자리를 반투명의 은빛 가시 무늬로 치장한
산도깨비 같은 그녀의
자주보라색 통꽃이 이운 자리에 맺힌
하얀 솜털 씨들 사방팔방으로 날아가 족장 어머니처럼
치맛자락 펼치고 픽석 주저앉아버리는 살갗 검푸른 딸들

그 부족의 먼 후손인 듯싶은 내 아내는
자기에게 늘 뒤통수만 보여주고 사는 나에게
해마다 봄철과 늦은 가을철이면 마당과 차밭과 산야에서 그녀들의
순을 잘라 시래기로 저장했다가 끼마다 국을 끓여 줍니다
위장이 부실하므로 그 국을 끊임없이 먹어야 하는 나는
오늘 문득 그녀를 보면서 가슴이 쓰라렸습니다,
내가 꾸곤 하는 꿈이 사실은 그녀의 자궁,
자주보라색의 통꽃 우주의
광휘라는 사실에.

들국화

 늦가을 해질 무렵 뒷산의 자드락 길 내려오다가 등산화에 밟히려 하는 희끗한 얼굴이 있었습니다,
 이를 어쩌나!
 그 얼굴 밟지 않으려고
 이미 내디던 발을 한 뼘쯤 더 앞으로 뻗었는데
 등산화 굽은 미끄러졌고 나는 중심을 잃은 채 엉덩방아를 찧으며
 골짜기로 굴러 내렸고 청미래 덩굴의 가시가 귓바퀴를 할퀴었고
 왕거미집 한 자락이 내 넋을 포획해버렸습니다,
 가까스로 몸을 일으키고 두 손을 허우적거려 거미집에 포획된
 나를 수습하고 조금 전에 본 희끗한 얼굴을 찾아 올라갔는데 거기
 가냘픈 그녀가 웃고 있었습니다,
 상처 입은 귓바퀴가 쓰라렸고 해가 소나무 숲 사이로 엿보고 있었지만
 그녀의 황금색 자궁에다 코를 대고 킁킁거렸는데

그녀가 내 속으로 빨려들어왔고 내가 그녀 속으로 스며들어갔고

나는 새털처럼 가벼워졌고 우주의 블랙홀 속에 들어선 듯 어지러웠습니다.

오동나무 꽃

5월 열닷샛날 한낮,
보라색 치마저고리 입고 광천동 신어머니의 굿판에서 미친 듯 뜀박질 춤추곤 하는
새파란 새끼무당의
신당 앞에 서 있는 허리 잘록한 오동나무
그녀가 가야금으로 켜는
시나위 가락의 농현(弄絃) 같은
향기
끝 간 곳 모를 짙푸른 하늘 자락에 살풀이 춤사위처럼 흘러가는
귀기 어린 비백(飛白) 한 자락
눈이 시립니다.

흰 수련꽃

흐르는 물이 잠시 머무르면서
시끄러움과 고요를 한데 버무려놓은 그 미녀의 하얀 넋을
아십니까.

미녀는 잠이 많다는 속설대로
물에 뜬 채로
오후 1시쯤부터 졸기 시작하다가
4시부터 이튿날 아침 7시까지 깊은 잠을 자버리는
그녀의 잠을 깨우고 싶어 나는 안타까워합니다.

잠자리에 들 때에도 자고 일어날 때에도 늘 상큼하지만
저 세상 돌아갈 때는 추한 모습 보여주지 않으려고
스스로를 깊이 수장시켜버리는 그녀
아, 그녀의 깊고 그윽한 알몸의 영원한 잠이여.

아내 꽃

 한여름의 저물녘 햇살 비낀 성긴 솜대나무 숲 속의 산 모기들이 '아따! 살집 부드러운 아주머니 반갑고 또 반갑네, 나하고 오늘 밤 함께 잡시다잉,' 하고 흡혈하러 덤벼드는 죽로차 밭에서 차양 긴 모자 쓴 시인의 늙은 아내가 잡초를 맵니다.
 그녀가 손수 덖은 차만을 상음하는 시인을 위해 가꾸는 차나무들, 스티로폼으로 만든 원통형의 앉을 것을 엉덩이에 붙여 줄로 감아 묶은 채 쪼그려 앉아 차나무 뒤덮는 바랭이풀 모시풀 씀바귀 육손이덩굴풀들을 뽑아냅니다.
 시인의 아내가 어기적어기적 지나간 밭고랑에는 앙증스러운 차나무들이 시어(詩語)들처럼 줄지어 선 채 붉어지는 하늘을 향해 가슴 펴고 달려온 저녁 바람에 우쭐우쭐 춤춥니다.
 시인은 차밭 어귀에 선 채 얼굴과 팔뚝으로 덤벼드는 모기를 쫓으면서 철부지 소년처럼 '여보, 저물어지니까 오늘은 그만 하고 내일 하시지' 하고 조르는데, 늙은 아내는 달래듯이 말합니다. '서늘 김에 한

고랑만 더 매고 갈랑께 먼저 들어가시오. 산 모기가 보통으로 사납지를 않구만이라우.'

정각암 수련꽃

황금가루 빛 쏟아지는 초여름 한낮
정각암으로 부처님 배알하러 갔는데
법당에 계셔야 할
부처님 그 앞에서 염불하고 계셔야 할
스님 보이지 않았습니다,
이를 어쩌나,
눈 크게 뜨고 다시 보니
부처님은
연못의 흰 수련 꽃잎에서
스님은
자색 수련 꽃잎에서 빙그레 웃으십니다,
아제아제 바라아제 바라승아제 모지 사바하.*

* 아제아제 바라아제 바라승아제 모지 사바하: '가자 가자 더 높은 곳으로 가자. 그 뜻이 이루어지게 하소서'라는 주문. 『반야바라밀다심경』의 맨 끝에 나옴.

다시 정각암 수련꽃

부처님과 스님 배알하고 나온
첫눈 내린 날의 새벽처럼 소복한 여인이
연못의 수련꽃 앞에 서자
수련꽃이 그녀를 배웅하러 나온 부처님과 스님에
게 말했습니다,
꽃의 고요가 부처님과 스님의 고요일 수 있습니까,
지루한 붉은 이슬 행사 끝내고 갓 목욕하고 나온
그 여자의 연꽃이 시방 안타깝게
부르는 노랫소리 들리지 않습니까,
사랑한다고, 사랑한다고, 너만을
돌아오라고, 돌아오라고 기다린다고, 기다린다고
내 가슴 불타고 있다고 사랑하자고, 사랑하자고……

부처님이 빙그레 웃으면서 말했습니다,
고요는 항상 큰 시끄러움의
꼭짓점에 있습니다.

손자 꽃망울

늦가을
다섯 살인 손자 서용이의 손잡고
토굴 잔디밭에 뒹구는 낙엽 밟는데 매화나무가 말했습니다.
'토굴 주인님, 손자가 무척 예쁜 모양이지요?'

나는 잎사귀들 모두 잃어버린 매화나무에게 말했습니다.
'아이고, 그것을 어떻게 말로 다 할 수 있소!?'

매화나무는 돌아오는 봄에 꽃으로 피어날 좁쌀 같은 망울들을 내보이며 말했습니다.
'아무렴, 내 새끼들처럼 예쁠까요?'

나는 '무슨 소리? 내 손자 꽃망울은 하늘보다 땅보다 더 예뻐요!' 하며 서용이를 등에 업고 손깍지를 끼어 힘껏 조이는데, 서용이의 가슴과 닿는 내 등허리와, 그놈의 엉덩이를 떠받친 손바닥과 팔뚝이 달콤

하고 훈훈하면서 가슴이 저립니다. 그것을 본 매화나무가 히히히 웃으며 말했습니다.
　'우리 새끼들은 하늘과 땅을 두 배로 합쳐놓은 것만큼 예쁩니다.'

　내가 얼굴을 붉히며 소리쳐 말했습니다.
　'그대가 그대 자식들한테 무엇을 끌어다대든지, 우리 손자 꽃망울은 항상 그것들보다 열배씩 백배씩 더 예뻐요!'

무위사(無爲寺)에서 만난 구름

무위사에서 만난 구름

사랑하는 나그네 당신,
당신은 무위사 텅 빈 마당에서
선승처럼
구름 한 장 턱으로 가리키며
겹겹이 껴입은 옷에 갇혀 있는 나를
풀어주었습니다.
마음 가는 대로
바람처럼
훨훨 날아다니라고.

나무

푸른 우듬지를 하늘로
쳐들고 있는 나무의 뜻을 천축국의 왕자가
'나무(南無)'*
라고 읽으라 했는데, 나는
'나 없음의 나무〔我无〕'
라고 어눌하게 소리 냅니다.

그 이르고 싶은 곳 어디인가,
푸르른 내 고향 태허**입니다.

* 나무아무타불(南無阿彌陀佛): 깨끗하고 또 깨끗한 세상에 이르고 싶다.
** '태허(太虛)'는 하늘과 동의어. '無' 자는 섶을 불태우니 현실적으로 없어진다는 뜻글자이고, 南無의 경우 그냥 소리만 빌려다 쓴 글자이다. '无'는 하늘(태허)처럼 텅 비어 있는 '비가시적인 없음'의 뜻글자이고 없을 무(无)는 하늘 천(天)의 변형이다. 이 두 글자는 우주 시원을 뜻한다. 선승들이 '무' 자 화두를 드는 것은 하늘마음〔天心〕을 얻자는 것일 터, 천심은 무심이고 무심이 천심이다.

다시 '나무'

도 닦는다는 것은
벗에게
사랑하는 사람에게
전화를 걸어
보고 싶어 못 견디겠으니 지금 만나
차 한잔 하자고
술 한잔 하자고
사랑하자고
보채고 싶은 것을 이 악물어 참고
짙푸른 하늘 경전,
흘러가는 바람 경전 구름 경전을 읽는 것입니다.

모래밭에서

진시황이 동남동녀들에게 잡아오라고 했다는
몸에 옥색 천 두른 인어 같은
늦가을 스무사흘 밤의 가슴 저리는
달빛

그 맨살 만져보셨습니까,

홍합들처럼 다닥다닥 붙어 비비적대는 번뇌에
엎치락뒤치락하고 난 이튿날 아침
 물 자국을 밟습니다, 간밤의 꿈인 듯 꿈 아닌 듯한
사념들을
 죽어버린 고둥 껍데기 덮어쓰고 조심스럽게 운신
하는 집게처럼

지지난밤의 밀물 흔적
지난밤의 썰물 흔적
그 틈바구니에 새겨진
은색 방게 걸어간 발자국

물떼새가 그린 상형문자들 위에
이뚤비뚤 씌어 있는
'사랑은 새털보다 가볍고 삶은 산보다 무겁다'
읽으며 울음을 삼켰습니다.

무인도처럼 살아가는
몸뚱이 여기저기에 이별과 상실의 구멍들 숭숭 뚫리어
미역 냄새 나는 바람에 피리 소리 흘러나오는 한 풋늙은이가
먼 바다에서 떠밀려온 다시마 미역 해파리
별들이 땅의 정령들하고 먼동이 틀 때까지 사랑 놀음 하느라고
보석처럼 박아놓은 이슬방울들 밟으며 시방
밀물 지면 지워질 공룡 발자국 같은 구두 자국 찍으며 가고 있습니다.

바위의 말

사랑하는 나그네 당신
백팔 톤의 내 몸으로 당신의
백팔 번뇌 눌러놓고
여닫이횟집에서
숭어회 농어회 낙지회에다가 쐬주 들이켜고
안개구름 되고
한 마리 검은 댕기 두루미 되어
날아오르십시오,

사랑하는 나그네 당신,
백팔 톤의 내 몸으로 당신의
백팔 번뇌 눌러놓고
까치파도 타고 달려온 미역 냄새 나는 안개바람이
유리창에 볼을 비비며 속삭이는 말씀 따라
세모시처럼 희어진 마음으로 모든
죽어가는 것들을 사랑하고 전설이 되고
신화가 되십시오.

하늘 길

 전원생활 하겠다고 서울에서 장흥 안양* 산골로 이사 온
 중년 남자가 숭어회에 포도주 한잔을 걸치면서
 5백 평 산밭에 심은 콩씨 파먹어버린
 비둘기와 꿩을 원망했을 때, 마주 앉은
 풋늙은이는 토굴 연못가의 주렁주렁하던 황금색 살구들 모두 따먹어버린
 어치와 물까치와 무당새를 저주했습니다,

 그들은 모릅니다, 새들이 부리와 발톱과 날개로
 휘저으며 재주를 넘고 또 넘을지라도
 발자국이 찍히거나 긁히지 않는
 푸른 하늘 길, 그것이
 무엇인지를.

 * 안양(安養): 극락의 다른 이름.

꽃 울음

  토굴 앞뜰과 뒤뜰 잔디밭의 지네 잡아먹어달라고
풀어놓은
  까마귀 닭, 된장 색 닭, 피처럼 붉은 맨드라미꽃
벼슬 머리에 쓴 수탉,
  정원의
  진홍색 바람 분홍색 바람 보라색 바람 머금은
  숫처녀의 오디 같은 철쭉 꽃망울들 따먹고 나더니
  암탉은 꼬꼬댁, 꼬꼬댁
  꽃 알을 낳고
  수탉은 꼬끼오, 꼬끼오
  꽃 울음을 웁니다.

날개

『조선왕조실록』을 읽다가
눈이 시려 잠시 누워 눈을 붙이려다가
이런 빌어먹을 것들! 하며 방바닥과 담요 위에 널려 있는
하루살이의 주검들을 쓰레받기에 쓸어 담다가
깜짝 놀라,
하아, 이것들도 은빛 날개 두 짝씩을 가진 짐승이로구나!
탄성 지르며 화경으로 그놈들의 무지갯빛 나는 은색 날개들의
정교하고 아름다운 무늬와 결을 읽으면서
하아, 이놈들이 찬란한 날개를 가진 존재였다니,
하고 내내 느꺼워하다가
잠이 들어,
꿈속에서 또『조선왕조실록』을 펼쳐 보다가
이런! 쯧쯧! 하고 혀를 찼습니다,『조선왕조실록』의 갈피갈피에 우글거리는
하루살이들의 찬란하게 반짝거리는 날개들이 하도 덧없고 가엾어서.

백년지기 내 동무

 치기 어린 시와 풋사랑에 질퍽하게 젖어 살던 내 스무 살 시절
 한밤중에 부르는 소리 있어
 골목길 걸어 앞산 잔등 넘어가면
 그놈이 밤안개 너울 쓰고 달이랑 별이랑 바람이랑
 백사장이랑 갯바위랑을 짓궂게 희롱하며 너울거렸습니다.

 포구 주막의 까맣게 그은 와사등 아래서 씁쌀한 막걸리 한 됫병에
 가오리의 지느러미 안주로 먹고 모래밭으로 나와 혀 굽은 소리로
 이 자식아, 왜 불러냈어? 하면 그놈은
 싱긋 웃으며 덩실덩실 춤만 추었습니다.

 머리칼 희어지고
 그 시절의 시와 사랑 안개구름 속으로 사위어간 이즈음도

무시로 불러내는 소리 따라 발밤발밤 여닫이바다 모래밭까지 걸어 나가

이 자식아 왜 자꾸 불러내? 하면 그놈은

마찬가지로 싱긋 웃으며 어깨춤 엉덩이춤만 움씰거립니다.

그놈의 깊은 속뜻 알 듯도 하고 모를 듯도 하여 나는 물 좋은

농어회나 낙지 안주에다가 술 한 병 들이켜고,

코 찡긋거리고 어깨 움씰거리며

그놈의 춤을 그냥 즐길 수밖에요.

복술이

 울타리 삼아 늘어놓은 질그릇동이들 너머 옆집의
마당귀에서 쇠고랑 목에 걸고 있는
 털 부숭부숭하고 눈 흐릿하고 주둥이 납작하고 키
작달막한 복술이
 영특한 데라고는 없는 바보스런 축생이 하도 가여워
나 자비로운 관세음보살처럼 눈웃음을 지어 보이
곤 하는데
 이놈은 나를 볼 때마다
 으르릉 왕왕 으르릉 왕왕, 짖어댑니다,
 이 자식, 누가 똥개 아니라고 할까 봐, 하고 그놈을
비웃었는데, 간밤에 토굴 마당의 늙은 감나무가
귀띔해주었습니다,
 '이 사람아 자네 속에 들어 있는 어둠을 보고 짖는
거야
 털 부숭부숭한 늑대 한 마리 키우고 있는 새까만
어둠 말이야.'

여닫이바다의 혼례

사랑하는 나그네 당신, 보았습니까,
안개 낀 봄밤에 별들이
여닫이바다하고 혼례 치르는 것, 보았습니까,
한여름 보름달이
마녀로 둔갑한 바다와 밤새도록 사랑하고 아침에
서쪽으로 가며 창백한 얼굴로 비틀거리는 것, 보았습니까,
늦가을 어느 저녁에 여닫이바다가 지는 해를 보내기 싫어
소주 한 병에 취하여 피처럼 불타버리던 것, 보았습니까,
달도 별도 없는 겨울밤 눈보라 속에서 여닫이바다가
혼자 외로워 울부짖으며 몸부림치는 것, 그대 알아채셨습니까,
여닫이바다의 몸짓이 사실은
제 마음을 늘 그렇게 표현해주고 있다는 것.

산신령님, 사랑하는 산신령님
— 제암산 천관산 산신제 축문

 산신령님, 그것을 아십니까, 꿈에 즐겁게 술을 마신 사람은 이튿날 아침에 슬피 울고, 꿈에 슬피 운 사람은 이튿날 산으로 사냥을 간다는.*

 그것을 아십니까, 사랑하는 산신령님, 당신의 산은 꼭두새벽이면 발기하는 우리들의 욕망, 우리들의 위대한 성기라는 것, 그것을 아십니까, 우리들이, 신화 소용돌이치는 하늘 호수 속에 우리들의 머리통을 처넣기 위해 산정엘 오른다는 것, 그것을 아십니까, 사랑하는 산신령님, 우리들이 하늘 호수에 사정한 올챙이 모양의 정자들이 우리들의 할머니 곰녀로 하여금 또 하나의 신화를 잉태하게 한다는 것, 그것을 아십니까, 제암산에 핏빛으로 피는 철쭉꽃들이 첨치마 펄럭거리는 하늘 호수의 달거리이고, 천관산에 은색으로 타오르는 혼령들이 사실은 우리들이 분사하는 혼령 정액이라는 것, 그것을 아십니까, 사랑하는 산신령님, 봄이면 골짜기에 지천으로 피는 산 난초 향기와 밤꽃의 향기가 하늘 호수와 산이 사랑할 때 쏟아내는 체액의 향기라는 것, 그것을 아십니까, 세상의 모든 수탉들이 살아 있는 한 거듭 하늘 향해 고개 쳐들고 꼬끼오 울어대고, 살아 있는 한 자꾸 암탉의 꽁지를 물고 올라타듯이, 우리들이 살아 있는 한 산에 오르고, 살아 있는 한 모든 산봉우리의 우듬지를 아드득 물고 하늘 호수에 머리를 처넣으며 야호 소리를 질러댈 것이라는 것, 그것을 아셨으면, 산신령님, 부디 우리들의 비지땀 흘리는 사랑 산행을 축복해주십시오. 산신령님, 사랑하는 산신령님.

  * 장자의 말.

묵란(墨蘭)

붓 잡고
묵란을
칩니다,

심심산천 숨어 사는 유마의 불가사의한 침묵 같은
스스로 줄기를 퇴화시킨 향초

첫 잎은
하얀 눈 세상에서 고개를 쳐든
애초에 없는 내 마음*
물고기의 몸처럼 한 번 꿈틀
다시 한 번 꿈틀
또다시 한 번 꿈틀,
허공으로 뻗어가다가 비수처럼 날아
하늘 가슴 정곡**을 찔러야 합니다,

꽃대,
보송보송한 몸으로 욕실에서 나온

애초에 없던 내 마음을 날줄로 하고
하늘 가슴을 씨줄로 하여 직조된 천으로 지은
잠옷 차림의 팔등신 신녀
그녀 얼굴은
신화 속에서 나온 흰 코끼리의 순한 눈동자를 품은
메뚜기의 날갯짓 같은 꽃 한 송이로 피어나야 합니다.

* 애초에 없는 내 마음: 무심(无心).
** 하늘 가슴 정곡: 천심(天心).

손거울

 삼십 년 전 내가 근무하던 중학교 우렁이각시 같은 여선생님은 여름철에 허벅지 드러나는 치마를 입곤 했는데, 학교 안에, '오늘 우리 여선생님 빨간 팬티 입었더라'는 말이 떠다녔습니다. 한 교실에서 수업을 하다가 통로에 떨어져 있는 손거울을 발견한 그녀는, 생활지도 주임을 앞세우고 가서 그 반 학생들의 호주머니 검사를 실시했는데, 키 작달막한 아이의 호주머니에서 손거울 한 개가 더 나왔습니다, 생활지도 주임은 그것을 압수하면서, 이 손거울 가지고 다녀야 하는 이유가 있으면 교무실로 와서 말하고 찾아 가거라, 했고, 키 작달막한 아이가 교무실로 와서
 '꽃한테 제 얼굴을 비쳐주려고요' 했습니다,
 그 말에 나는 옆에 앉은 여선생의 연꽃*이 떠올라 얼굴이 화끈했는데, 생활지도 주임이 빈정거렸습니다, '야, 이놈아, 꽃에게 거울을 비쳐주면 꽃이 제 얼굴을 알아본다냐?' 학생이 말하기를, '모든 꽃은 거울 속의 자기 얼굴을 보고 비틀어진 꽃잎을 바로잡고 향기도 더 진하게 뿜습니다,' 얼굴 빨개진 생활지도

주임이, '말도 안 되는 소리 말고 썩 꺼져!' 하고 소리 쳤음에도 불구하고 그냥 돌아가려 하지 않는 그 학생을 나는 내 자리로 데리고 가서 물었습니다.

'그것을 누구한테 배웠니?' '우리 할머니요.' '네 할머니 무얼 하는 분이시냐?' '점도 쳐주고 굿도 하러 다니셔요.' '네 할머니는 집 안에 꽃이 피면 어떻게 하시니?' '치자꽃, 족두리 꽃, 금강초롱꽃들이 피면 앞에다가 체경을 세워놓아요. 밤이면 초롱불을 켜 달아놓기도 해요.'

가슴에 불이 환히 켜진 나는 생활지도 주임에게, '저는 가짜 시인이고, 이 아이하고 이 아이의 할머니하고는 가슴으로 시를 쓰는 진짜 시인입니다' 하며 손거울을 찾아 돌려주고, 이후 그런 손거울 하나를 장만하여, 세상의 모든 꽃들에게 얼굴 보여주기를 부지런히 하고, 그 손거울을 무수히 제작하여 세상 사람들에게 팔고 또 팔면서 이때껏 잘 살아오고 있습니다.

* 노자의 말. '곡신(谷神)은 그윽한 암컷[玄牡]이고 그 암컷의 문은 우주의 뿌리[天地根]이다.'

종려나무 길 따라 오신 사랑하는 나그네 당신

종려나무 길 따라 정남진 장흥 안양의
연꽃 바다에 검은 댕기 두루미처럼 훨훨 날아오신
사랑하는 나그네 당신
어지러운 티끌 길이 끝나는 곳에서 또 하나의 꿈의
길은 열립니다, 당신이 싣고 다니는 암갈색으로 녹슨
당신의 육체와 영혼
꽃 무지개 뜨는 꼬마 나폴리 여닫이연안의 은 모래밭
수억 천만의 유리 대롱 같은 금빛 햇살 아래서
배릿하고 달콤한 키조개 바지락 농어 도미 전어 주꾸미 낙지들의 맨살과 더불어
세모시처럼 하얗게 바래 가지고 가셨다가
이 연꽃 바다처럼 싱싱해지고 향기로워지고 싶으시면
가시는 듯 되짚어 오십시오
검은 댕기 두루미처럼 사랑스러운 당신.

토굴 다담(茶談)

절
―토굴 다담 1

절하고 싶어
절에 갑니다.
절하고 또 절하면 저절로 내 병 낫습니다 땀 뻘뻘 흘리며
절하는 한 순간 한 순간의
절은 영원을 짜는 피륙
절하고 싶어
절에 갑니다.

혼자서 죽로차를 마시며
―토굴 다담 2

바리데기 공주님이 시왕(十王)에서 가져온
숨살이 살살이 뼈살이 약수의 그 마지막
한 방울 한 방울처럼 아쉬운
죽로차
한 잔을 마십니다,

당신께 맛보이려고 심심산천에서
알 굵은 씨를 받아다가 대밭에 심은 지 다섯 해
밤하늘의 푸른 별빛 붉은 별빛 노란 별빛에 입 맞춘
댓잎 이슬 받아먹으며 참새처럼 짹짹거린
신화

그 하늘 참새 혓바닥들
아홉 번 덖어 갈무리한
그것은 각성의 묘약이라

한 잔에 꽃이 피고
다시 한 잔에 청청 하늘 무지개 길 열리고

또다시 한 잔에 달이 뜨고
향 맑은 천강(千江)에 그 님의 얼굴 어립니다.

사랑 타령
―토굴 다담 3

정원의 청매화 코에 대고 허기진 듯 킁킁
어지러워하다가 들어와 다탁 앞에 앉았습니다,
입술 델 듯 따끈한
차가 말합니다,
깊이 사랑하라고

뙤약볕 아래서 번쩍거리는
늙은 감나무 잎사귀들을 내다보면서 차를 우립니다,
오래 두어 씁쓸해진
차가 말합니다,
탐욕을 버리라고

소슬한 바람에 들쥐처럼 달려가는
낙엽 하나 주워 와 다탁 위에 놓고 차를 마십니다,
미지근해진
차가 말합니다,
사랑을 접으라고

꿈에 슬프게 울다가 깨어 일어난 아침
세상을 하얗게 덮은 눈을 보며 차와 이야기를 나눕니다.
차갑게 식은 차가 말합니다.
저 눈벌판처럼
마음을 비우라고.

세상에서 가장 향기로운 차
—토굴 다담 4

유리 대롱 같은 햇살 쏟아지는 한낮에
차를 마십니다,
그대의 텅 빈 창공을 마십니다,

차는
그리움의 갈증을 채워주는
안개꽃 같은 주술입니다,

세상 맛을 알 만큼 안 사람은
제 모습을 정원의 나무 한 그루로
가로 누워 있는 바위로
만개한 꽃으로 웃으며 사랑을 맞이한다 하고
그로 하여금 자기 몸내를 짐승처럼 킁킁 맡게 하면서
야생초 같은 그의 체취를 귀로 듣는다고 하여
나 그렇게 웃으며 기다리고 있었더니
아, 그대 마음이 첫물 딴 차향으로 내게 왔습니다,

머물 만큼 머물렀으므로 이제
버리고 흘러가는가 했는데
모든 흘러가는 것들은 미리 그러할 기미를 보인다 하여
오지 않고 침묵하는 마음이 그것인가 했는데

그대의 창공 같은 체취를 눈 감은 채 마십니다
그대와 나
무지개 바퀴살 함께 타고 그곳에 이르려고.

배릿한 차향
— 토굴 다담 5

그해 5월
불볕이던 마지막 화요일 광주
「바위섬」 가수 김원중의 달거리 음악회 이야기 초대 손님으로 나갔다가 김원중이가
'생명력'이라는 게 무어냐고 물어서
'차의 배릿한 향이 곧 그것'이라고 말하려다가 그것이
사람들에게 너무 어려울 듯싶어 그 무렵 환장하게 예쁜 네 살 먹은
외손자 새벽이의 이야기를 했습니다,
"제 어미가 새벽이를 놀이터에 데리고 갔는데 그놈은 시소 타고 미끄럼 타고 그네 타고…… 한도 끝도 없이 놀려 하는데, 지친 어미가 그놈을 억지로 이끌고 집으로 왔습니다. 그놈은 현관 바닥에 선 채로 다시 나가자고 떼쓰며 울었고, 어미는 그 울음 그치게 할 여력도 없어 응접실 소파에 주저앉아버렸는데, 한 이십 분쯤 울던 그놈 문득 어미를 향해 엄마 나 뭐 좀 마시고 싶어, 했으므로, 그놈의 어미, '아 , 이제

그만 울려나 보다' 하고 우유를 주었더니 그것을 다 마시고 난 그놈 이번에야말로 더 큰 소리로 울기 시작했습니다."

수평선
―토굴 다담 6

바다와 하늘의 얼굴이 서로 닮은 것은
태초부터 바다가 하늘을 꾀하고
하늘이 바다를 꾀한 때문이라 하므로
내가 당신을 꾀하고 당신이 나를 꾀한다면
유한한 나와 무한한 당신의 얼굴도
한 색깔이 될 터입니다.

그림자
──토굴 다담 7

나 태어나자 그림자가 있었습니다.
처음에는 그놈이 길을 나선 나를 따라오며 내 흉내를 내곤 했는데
언제부터인가는 그놈이
가시적인 모습 하나로는 내 뒤를 따르며 흉내를 내면서
비가시적인 모습 하나로는 나를 앞장서 갔으므로
이제는 내가 앞장선 비가시적인 그놈의 흉내를 내며 따릅니다.

앞장선 그놈의
몸짓과 표정의 결과 무늬가 너무 정교하고, 그놈 가는 곳이 너무 험준하고 그윽하여 그놈을
따라가기 고달픕니다.
대관절 그놈은 어디로 가고 있는 것일까요
하늘일까요 바다일까요
하늘과 바다가 맞닿은
무극 그 어디일까요.

매미 소리
──토굴 다담 8

그대와 나의
뜨거웠던 사랑과
슬픈 이별이
이명(耳鳴)처럼
먼먼
그대 가버린
하늘 신화의 속살 속으로 달려가고 있습니다.

섬
―토굴 다담 9

바다에 떠 있는 섬만 섬이 아니고
혼자 있는 것은 다 섬입니다.

운명
──토굴 다담 10

하늘 위 하늘 아래 오직 내가 혼자 우뚝 서 있을
뿐이라고 말한
천축국의 그 왕자처럼
손바닥에 운명선을 바늘로 쪼아 만들어가듯이
나의 길 갑니다,
사랑하는 나그네 당신
어느 누가 대신 짊어져주겠습니까,
수미산처럼 무거운 나의 몸뚱이.

등대
―토굴 다담 11

광막한 고해(苦海) 향해 우뚝 선 채
광야에서 소리치던 남자처럼
왕궁을 버리고 사막 길을 맨발로 걸어 다니며 길을 가르치던 왕자처럼
고해 헤쳐 가는 배들을 위하여 불을 밝히지 않고 어떻게
등대일 수 있습니까.

경계에는 꽃이 피지 않는다*
—토굴 다담 12

　농부가 이웃의 대밭에서 자기네 채마밭으로 뻗어 온 솜대나무 뿌리를 파서 던지고, 대 뿌리가 다시는 건너오지 못하게 하려고 밭과 대밭 사이에 허벅다리 잠길 만큼의 도랑을 팠습니다.

　시인은 그 대 뿌리들을 서재의 서편 창문 앞 울타리에 심고, 이듬해부터 달이 서편으로 기우는 무렵 서창에 비치는 수묵의 대 그림자를 완상하고, 속 텅 비고 올곧게 살아가는 대나무 속으로 자기가 들어가고 대나무로 하여금 자기 속으로 들어오게 하는 경계 허물기를 즐겼습니다.

　삼 년 뒤, 서편 울타리로부터 서너 걸음 떨어진 금잔디 마당 안쪽에서 죽순 하나가 솟아나왔을 때 시인은 경계를 허무는 그놈을 용납할 수 없어서 잘라냈습니다.

　그 이듬해 5월부터는 마당 한가운데서 솟아오르는 죽순들과 싸워야 했습니다.

　십 년이 지난 어느 날 서재 서쪽 구석의 바람벽과 장판의 굽이에서 정체를 알 수 없는 것이 갈색 창끝 같은 머리를 들이밀고 있어 소스라쳐 놀라 살펴보니 죽순이었습니다. 온몸에 오소소 소름이 돋은 시인은 독한 마음먹고 그놈의 허리를 잘라버린 다음 우둔거리는 가슴을 안은 채 하늘을 향해 '아, 하느님, 나 죽고 나면, 경계를 허무는 이놈들 때문에 내 집은 무성한 솜대나무 밭이 되어버릴 터입니다' 하고 말하자 하느님이 말했습니다. '그게 자연이라는 것이다.'

* 함민복의 시집 제목 『모든 경계에는 꽃이 핀다』에서 차운.

농담 하나
―토굴 다담 13

 여느 때 무위자연을 역설하곤 한 장자가 공자에게 '이 세상에 어짊[仁]이란 것이 있을 수 있소이까? 자연은 물방울 몇 개로써 사람들을 죽이는데요?' 하자, 공자가 말했습니다. '그대의 책에서, 백정의 칼이 살코기와 뼈 사이를 지나다니기만 하기 때문에 칼을 숫돌에 갈아 쓸 필요가 없다고 말했던데, 그 소름끼치는 이야기를 하면서도 전혀 지긋지긋해하지 않는 그대처럼 잔인한 사람이 우매한 자들을 깨우쳐줄 자격이 있기나 할까요?' 옆에 있던 검은 장발의 성자가 '당신들의 다툼도 사실은 우리 신의 도모하심이라는 것을 아십니까?' 하고 말했고, 그 옆의 터번 쓴 성자가 '검은 장발의 성자 말씀까지도 우리 신의 뜻입니다' 하고 말했습니다. 그들의 말을 들은 문수사리가 석가모니에게 가서, '그들의 말이 모두 옳은 듯하지만 사실은 모두 옳지 않다고 생각한 저의 생각이 어떻습니까?' 하고 묻자 석가모니는 눈을 거슴츠레하게 뜬 채 대답했습니다. '나는 아무 말도 듣지 않았느니라.'

연꽃*
—토굴 다담 14

진흙 속에 뿌리박은 채 피 토해내듯 피는 그 꽃이
화엄의 바다에서 태어난 두 잎사귀의
선혈 머금은 하얀 모시조개와 동의어라는 것을 알
고 있었으므로
석가모니는 그것 한 송이를 들어 올렸고
가섭은 심청이처럼 한번 바다에 빠져 죽었다가 깨
어난 넋이라야
맹인의 눈을 뜨게 한다는 것을 알아채고 있었으므로
빙그레 웃었습니다.

* 노자의 말. '곡신(谷神)은 그윽한 암컷〔玄牡〕이고 그 암컷의 문은 우주의 뿌리〔天地根〕이다.'

미완의 빛살
—토굴 다담 15

서편 하늘 쥐구멍 속으로의 함몰을 앞둔
마지막 빛살 한 자락이 사라지기 아쉬워
나목 우듬지에 매달린 빨간 해 같은 까치밥을 보듬고 도는 것을 보며
나 쓰라리는 가슴으로 전축에 '미완성'을 올립니다.

암자주색의 지하에서 솟아올라
천국 화원으로 날아가는 지령음(地靈音)
두리둥 두리둥 두리두리둥

무명 시절에 태양 같은 베토벤을 찾아갔다가
면회를 거절당하고 돌아온 슈베르트가 빚어낸
저 비낀 빛살이 보듬고 도는
가슴 저리는 슬픈
미완의 완성

유배지에서 미완으로 사라지지 않으려고
사약의 공포와 풍토병과 싸우며

세한도의 소나무로 서서 버틴 추사

아, 나,
뒤따라오는 목마른 자들의 가슴을 서늘하게 하는
배릿한 향기 그윽한 차 한 잔일 수 있을까요.

그대를 사랑하는 내 슬픈 눈빛
—토굴 다담 16

그대를 사랑하는 내 슬픈 눈빛이
그대 들판의 개망초 꽃들을 물보라처럼 피어나게 하고
그대를 사랑하는 내 슬픈 눈빛이
당신 밤하늘의 별을 얼굴 붉히게 하고
전설처럼 멀리 있는 그대 가슴을 무지개 색으로 색칠하고
그대 붉새* 하늘에서 초조처럼 첫눈을 내리게 합니다.
아, 그대를 사랑하는 내 슬픈 눈빛
그대를 향해 평생토록 머언 들판 길과 산모퉁이 길을 맨발로
걸어서, 걸어서, 걸어서 온
내 슬픈 눈빛을 만들고 있는 것이 사실은
그대의 눈빛입니다.

* 붉새: 하늘이 불그레해지는 빛.

백련차(白蓮茶)
—토굴 다담 17

고구려 고분에서 꺼내온 다갈색 무늬의 생활 한복 차림으로
다도하는 여인의 향기로운 방에 갔다가
청자 옹배기에 익사시켜놓은 흰 연꽃 한 송이의
금빛 수술 속에서 표주박으로 떠낸 물을
내 찻잔에 부어주는 순간 나는 진저리쳤습니다,

한 남자가 미칠 듯 짝사랑하던 여인을 연적에게서
훔쳐다 놓고 몸과 마음을 열어달라고 통사정했는데,
죽으면 죽었지 허락할 수 없다고 뻗대자 정원에 묻고
그 몸 위에 수밀도 나무를 심고, 그리고 십 년 뒤의
초가을 핏빛 황혼 속에서 연적을 초청하여 그 나무
그늘 아래 앉히고 수밀도를 따다가 대접하고 나서 했
다는 말 때문입니다,
　'우리 먹은 그게 그 여자 맨살일세!'*

＊고등학생 시절 읽은 추리소설 한 대목.

내가 늘 하늘을 보는 까닭은
―토굴 다담 18

　내가 늘 하늘을 보는 까닭은
　그 한복판에 수직으로, 수직으로만 상승하고 있는
새 아닌
　새
　한 마리가 거기 있어서입니다.

　내가 늘 하늘을 보는 까닭은
　한낮임에도 불구하고 알 수 없는
　별
　하나가 거기 떠 있어서입니다.

　내가 늘 하늘을 보는 까닭은
　말을 하긴 해야 하는데 입이 떨어지지 않는
　내가 최후에 남겨야 할 말 아닌
　말
　하나가 거기 있어서입니다.

마음
―토굴 다담 19

그제 밤에는 달빛
쏟아진 바다 물너울 위에서 파닥거리던,

어제 한낮에는 푸른
감나무 이파리들이 되받아 퉁기는 쇳소리 나는 빛에 걸려 있던,

오늘은 노을
빗살무늬에 걸려 팔랑거리는

내일은 도무(跳舞)
하는 강신무처럼 이승과 저승 넘나드는
바람의 넋.

열꽃 피는 날의 기도
── 토굴 다담 20

나무숲이나 하늘이나 바다나 해나 달이나 별이나 구름이나 안개나
꽃송이나 천강의 물결이나 새들의 눈빛 속에 스며들어
저를 지켜보시는 당신,
도수 높은 돋보기를 쓰고도
잔글씨를 십 분쯤만 읽으면 그것들이 개미처럼 기어가다가
밤안개처럼 풀어지곤 하는 아비를 위하여
딸이
소포로 보내준 사각의 확대경을 받아든 순간 가슴이 뭉클했습니다,

나무숲이나 하늘이나 바다나 해나 달이나 별이나 구름이나 안개나
꽃송이나 천강의 물결이나 새들의 눈빛 속에 스며들어
저를 지켜보시는 당신

바다 향해 흘러드는 저의 시간을 당신의 저수지에 가두어주십시오,
이것만은 반드시 완성하고 가야 하는데
책상에 앉으면 무력증이 일어나고 머리가
물 머금은 솜덩이들 가득 찬 듯 멍해지곤 합니다,
제 영혼을 맑게 헹구어주십시오,

나무숲이나 하늘이나 바다나 해나 달이나 별이나 구름이나 안개나
꽃송이나 천강의 물결이나 새들의 눈빛 속에 스며들어
저를 지켜보시는 당신
저의 몸에 마지막 남은 기름 한 방울까지를 다 태워
제 어둠을 밝히고 나서 아쉬움 없이 바람처럼 날아가도록 도와주십시오.

사랑하는 나의 허방

내 늘그막의 허방
―사랑하는 나의 허방 1

늘그막에 허방 하나 팠습니다,
넘어지더라도 다치지 않는
고향의 숲과 바다 같은
허방

세상사에 지치면 거기에 빠져 넘어지고
넘어지면 넘어진 김에 한숨 푹
늘어지게 자고 털고 나서곤 하는
허방

이후 언제부터인가는 나 스스로 누군가를 빠지게 하는
허방이 되어줍니다,
나의 허방 속에 빠진 사람이 내 속에서 넘어지고
넘어지면 넘어진 김에 한숨 푹
자고 가게 할
허방

그 이후 언제부터인가는 내 허방 속에 넘어진 그 사람의 가슴을
 허방으로 만들어 그 속에 넘어지고
 넘어지면 넘어진 김에 한숨 푹
 자고 나서 털고 일어서서 걸어가곤 하는
 아, 사랑하는 나의 허방.

욕조
──사랑하는 나의 허방 2

숙취로 머리가 지끈거리거나
글 쓰다가 가슴 답답해지면 서재에 붙은 화장실 욕조에
40도쯤의 물을 받고 벌거벗은 채 들어앉아 면벽 참선을 합니다,
할아버지 할머니 아버지 형님께서 저승 가던 날
들어가 눕던 직사각형의 널 같은 시공에서의
좌탈입멸(坐脫入滅),*
하아, 거짓말처럼 머리 지끈거림과 가슴 답답함이 없어졌습니다,
이 늙은이 무지무지하게 오래 살 것입니다.

* 좌탈입멸: 앉은 채 해탈하는(죽는) 것.

송장헤엄
——사랑하는 나의 허방 3

 어린 시절 동무들은 송장헤엄을 즐겼습니다,
 짭짤한 바닷물의 부력에 몸 맡기고 송장처럼
 반듯하게 누운 채 하늘을 쳐다보고 손만 까딱거리는 헤엄
 동무들은 개구리헤엄으로 무지개 서곤 하는 무인도를 향해 가다가 지치면
 송장헤엄을 치곤했는데 나는 그렇게 드러누우면 가라앉아
 물을 배터지게 마시고 진짜 송장이 되어버릴 것 같아서 송장헤엄을
 치지 못하고, 계속 허위허위 개구리헤엄을 가쁘게 쳐가곤 했습니다,
 칠십 노인이 된 시방
 무인도는 간척 사업으로 우리 눈앞에서 사라지고 없으므로 동무들은
 낚시질이나 골프공 엉덩이를 송장헤엄 치듯 두들기며 즐기며 가는데
 나는 아직도 미련하게 개구리헤엄을 쳐갑니다, 저

쪽 바다 한가운데에
　떠 있는
　하늘과 소통하는 무지개 섬을 향해서.

지네와 새우젓
―사랑하는 나의 허방 4

내가 허름한 토굴 하나 짓고 사는 뜻은
빠듯하고 음음한 시공에 나를 위리안치시키고 삶과 글을 곰삭히려 함인데
토굴 바람벽 틈으로 들어온 지네 한 놈은 두리번거리며
'대관절 어떻게 생긴 벌레인데 이런 큰 동굴을 파놓고 살고 있는 거야?'
한밤에 침입한 또 다른 놈은 내 손가락을 물고 독을 주입하면서
'야아, 횡재했다! 내 평생 먹어도 다 먹지 못할 큰 벌레 한 마리 잡았다!'

군청 문화관광과 사람들이
나 찾아오는 사람들을 편하게 한다고 마을 어귀에
'해산토굴'이라는 입간판 세워놓은 뒤로
몇몇 사람은 토굴에 모신 부처님 배알하겠다고 오고,
몇몇 사람들이 새우젓을 사겠다고 찾아왔습니다, 하긴

내가 하늘경전 바람경전 구름경전을 모신 채 내 삶
을 곰삭게 하는 토굴이나
　새우젓을 맛깔스럽게 익히는 토굴이나
　그게 그것일 터입니다.

감나무 밑에 사는 나의 충직한 청지기
—사랑하는 나의 허방 5

마당 가장자리 감나무 그늘에 엎드린 채 늙어가면서
자기 펑퍼짐한 엉덩이가 토굴 주인 명상하는 자리라고 자부하는
나의 충직한 청지기인 그놈은
늙어 망령 든 파우스트처럼 내가
여생을 도깨비에게 저당 잡히고 빌린 돈으로 사버린
좌청룡 끝자락에서 우백호 끝자락까지 구획 지어 잘라낸
내 바다와 하늘 상황을 속속들이 살펴 두었다가 시시콜콜 보고합니다.

'주인 니리 서재에 계시는 동안에 말입지요,
바지락 캐간 아낙 고막 잡아간 아낙들이 스물다섯이고요,
정치망 고기잡이 어부, 통발 낙지잡이 어부, 장어잡이 어부가 열둘이고요,
청둥오리가 백 마리, 해오라기가 스물한 마리, 먹황새가 열두 마리이고요,

검은 댕기 두루미가 다섯, 물떼새가 스물 셋, 갈매기가 아흔아홉 마리이고요,

먼 바다에서 모래밭으로 달려온 파도가 팔백 사천 채이고요,

심연에서 꼬물거린 키조개 피고막 새조개, 갯벌에 기어 다닌 송장게 칠게 도둑게가 팔백 사천 한 마리이고요,

숭어가 뛰니까 저도 멋없이 뜀박질한 망둥어들, 수면에서 햇빛을 찬양하며 퍼덕거린 농어 도미 전어 멸치 들이 팔백 사천 일곱 마리이고요,

그것들이 수면에 쏟아진 햇살 쪼아 먹고 잉태한 사리 같은

보석 알맹이들이 팔만 사천억 개였는데요, 그들의,

어르신 소유 하늘과 바다 사용료 오늘도 외상입니다요.'

나는 황제처럼 텅 빈 하늘을 쳐다보고 으스대며 '부지런히 사용하되 더럽히지만 말라고 해라.' 하

고 나서 문득 욕심이 동하여 덧붙여 말합니다,

 '아 참, 그들 가운데 어느 한 친구 보고, 오늘 밤에 쏟아지는 달빛과 별빛 쪼아 먹고 잉태한 사리와 보석들 가운데서 가장 견고하고 향기로운 놈 한 개만 바치라고 해라,'

 나의 기상천외한 탐욕에 대하여 내 충직한 청지기는 귀먹어버린 듯 대꾸를 하지 않아버립니다. 呵呵呵呵.

해산토굴 삼층석탑
—사랑하는 나의 허방 6

층층이 포개놓은 똬리 같은 보주(寶珠)들
머리에 인 채 하늘로 날아오르려고 푸드덕푸드덕 날갯짓하는
가지산 보림사 삼층석탑
서편 마당에 세우고

탑 표면에 끼는 검푸른 이끼 어루만지며
주위에 꽃나무와 만리향 나무를 심고
탑신과 날개에 명멸하는 꼬마전구들을 장식하고
속에 불 밝히는 뜻은
나 돌아갈 때가 언제인지 확신이 섰을 때 이 탑의 날개에
올라타고 구만 리 장천으로 날아가려는 것입니다.

자화상
──사랑하는 나의 허방 7

이마에 슬픈 번뇌의 강물 내 천(川) 자로 가로질러 흐르는 당신,
넓은 눈썹 밭 아래 졸음 겨운 거슴츠레한 눈꺼풀 흐릿한 눈망울로
세상을 어떻게 깊이 뚫어볼 수 있는가요?

댓가지 감고 올라가는 호박덩굴의 손처럼 꼬부라지는
반 곱슬머리 세상 휘감으며 오르기로 빠지고 희어진 당신,
쥐의 이빨처럼 자잘한 옥니는 절대 고독과 오기 씹어대기로
다 닳아졌습니다,

어색하면 어릿광대처럼 웃곤 하는 당신,
바다 쪽으로 열린 소라고둥 껍데기 귓바퀴와
통마늘처럼 뭉툭한 코는 네 개의 구멍 벙긋 열어
새까만 내면을 보여주고 있습니다. 아,

끔찍해라, 그대 지하 동굴
노회한 털 부숭부숭한
미망(迷妄).
목탁 구멍 속의 어둠 같은.

석등
―사랑하는 나의 허방 8

내가 토굴 입구에
무위사의 석등을 세우고 그 속에
백열전구 넣어 밤마다 밝히는 뜻은

나의 삶이 누군가의 미망을 밝히는
등불이기를 희망하며 살아왔음을
나에게 증명하고 싶어서입니다.

여름 한낮의 혼음
―사랑하는 나의 허방 9

나 시방
내 앞에 凹 모양의 연못 가로 눕혀놓고
싱싱한 감나무 그늘로 목욕하려고 평상 모서리에서 반라의 몸 된 채
수련의 생체 리듬에 따라
비단잉어랑
하늘이랑 산이랑 숲이랑 나무랑 탑이랑
물거미랑 개구리랑 잠자리랑 햇살이랑
혼음
실컷 즐기고 있습니다.

황금술 한복판에서 잠자며
―사랑하는 나의 허방 10

흑산도에 유배된 정약전 그 어른이
헐벗은 첩이 빚은 대마 이파리 누룩 술에 취한 채
바닷고기와 조개들의 족보를 만들면서 하늘 길을
꿈꾸었듯

장흥 바닷가 토굴에 나를 위리안치시킨 나는
앞마당에 연못 파고
하루 한 차례씩 알로 되돌아가
깊은 잠 자고 일어나곤 하는 수련꽃의
황금술 한복판에서 잠자며
시원의 하늘을 나는 시조새를 꿈꿉니다.

오줌 갈기는 선재 소년
——사랑하는 나의 허방 11

나이 들수록 철없어집니다, 나는
칠팔월 한낮 땡볕 쏟아지면
연못 가장자리에 선 선재 소년이 고추를 잡고 갈기는
오줌이 되어
꽃붕어 비단잉어 들과 더불어 헤엄치다가
수련의 뿌리와 줄기를 타고 올라가 꽃 속으로 들어가서,
연못 앞에서 넋 잃고 서 있는
토굴 주인을 향해 용용 죽겠지, 하며 골려줍니다.

산돌 키우는 소년
―사랑하는 나의 허방 12

 나 열 살 나던 해 초여름, 산에서 도시락만 한 산돌 하나 주워 왔습니다. 보리개떡 같은 돌멩이의 위쪽에 강아지 아가리만 한 홈이 패어 있고, 가장자리에 서릿발 같은 움들이 솟아 있었는데 그 움이 자란다는 것이었습니다. 나는 마당 가장자리 돌담 아래에 그것을 묻어놓고 밥 짓는 누님한테서 뜨물을 얻어다가 부어주었는데 다음 날 아침 돌이 자라는 것을 만져보고 싶어 환장할 것 같았습니다. 파보면 절대로 안 된다 하므로 흙 속으로 손가락 하나를 넣어 만져보았는데, 수정 움들이 자라느라고 꼼틀거리는 것 같았습니다. 순간, 솟아오른 거대한 수정 기둥이 머리에 그려지면서, 세상이 전보다 훨씬 밝고, 새소리도 더 낭랑하고, 나뭇가지들과 꽃들이 덩실덩실 춤을 추었습니다. 나는 골목길을 제비처럼 두 날개를 펴고 날아다니고, 꿀벌처럼 콧노래를 부르면서 송아지 꼴을 베어 왔습니다…… 부지런히 뜨물을 주고 난 한 달쯤 뒤 흙 속으로 손을 넣어 산돌을 만져보았는데 전혀 자라지 않았으므로 절망과 슬픔을 주체할 수 없었습니다. 돌을 키우면서부터는, 뱀이나 개구리를 메어치지 않고, 방아깨비를 구워 먹지 않고, 앵두네 못자리판에 돌 던진 일과 호철이네 호박덩굴을 잘라버린 일을 후회하고 반성하고, 동냥 온 거지의 바랑에 쌀보리를 듬뿍 부어주고…… 그랬는데 왜 내 돌은 자라지 않았을까. 하늘을 쳐다보며 한숨을 쉬고, 밤하늘의 별을 쳐다보며 눈물을 흘렸습니다.

아, 그 돌을 키우다가 실패한 것이 결코 나뿐만이 아니라는 것, 헤아릴 수 없이 많은 내 또래 아이들이 다 실패를 했다는 것을 알았을 때, 나는 어른이 되어 있었습니다. 반백에 주름살 깊어진 늙은이가 된 지금 나는 또 하나의 산돌을 토굴 마당에 묻어두고 뜨물을 하루도 빠짐없이 주고 있습니다. 투명한 수정 기둥들이 솟아올라 무지개 빛깔로 반짝거릴 것을 기대하며.

여름 한낮의 고요 속에서
―사랑하는 나의 허방 13

수탉 울음 아득히 먼 데서 흘러왔다가 전설처럼 사라져간
불같은 땡볕 여름 한낮의
신화 같은 고요 속에서
자주색의 수련꽃 일흔일곱 송이가 피어 있는 연못은
가슴 저리는 요염한 숨결 수런거리는
꽃들의 아방궁
벌거벗은 채 목욕하고 나서 꿀벌들과의 상교(相交)를
바라는 끓는 피들
감나무 그늘에서 그 아방궁 내려다보며
가슴 두근거리고 있는 늙은 토굴 주인
아, 당신의 세월, 덧없이 가고 있습니다.

고향의 달

고향의 달*

나,
열서너 살 소년 시절
보리 이삭 패는 봄이면 진물 줄줄 흐르는 습진이
두 다리의 오금을 푸르스름한 선홍색으로 야금야금 파먹어
가려워 미칠 것 같아
시이, 시이, 하며,
환장할 것 같은 쾌감 주체하지 못한 채
긁고 또 긁어대다가
화끈거리며 쓰라린 아픔 참을 수 없어
차라리 문둥이가 되어 소록도로 가고 싶었습니다,
청보리 밭에 달 뜨면 그 달 물어뜯으면서
달 지면 밤새 그 달 토해내면서 늑대처럼 꺼이꺼이 울고 싶었습니다.

* 미당의 시 「문둥이」: "해와 하늘빛이/문둥이는 서러워/보리밭에 달이 뜨면/애기 하나 먹고/꽃처럼 붉은 울음을 밤새 울었다"에서 차운.

고향 노을

고향집 텅 빈 마당
평상이 놓여 있곤 하던 자리에 서자 바야흐로 노을이 타올랐습니다.

평상에 누워
피어오르는 모깃불 연기 사이로
별 하나 꽁꽁 별 둘 꽁꽁 헤아리던 어머니
먼 마을에서 들려오는 어미 소 울음소리에
'아야! 그래서 그랬던갑다.' 하고 나서
큰댁 할머니의 이야기를 했습니다.

"작은 아들 분가시킬 때 주려고 키운 송아지를 그 아들이 병들어 죽은께, 약시시 하느라고 진 빚대에 저 건너 우산도 쇠장수한테 팔았더란다. 어미 소가 별들 총총한 밤에 목이 칵 쉬도록 울다가 고삐를 끊고 어디론가 가버렸어야. 대소가 사람들이 나서서 들과 산을 이 잡듯이 뒤져도 못 찾았는디, 다음 날 저녁 무렵에 우산도에서 연락이 왔단 말이다! 어미 소가 새끼를 찾아 시퍼런 이십 리 바다를 건너갔다는 말을 듣고 난 큰댁 할머니는, '아이고 나는 짐승만도 못하네! 나는 짐승만도 못하네!' 하고 가슴을 꿍꿍 치다가 다음 날 황혼 녘에 돌아가셨단다. 시뻘건 핏덩이를 토하시고."

서쪽 한재 고개 위로 그 핏덩이 같은 노을이 타고 있었습니다.

나그네새

'어젯밤엔 잠이 안 와서, 내 옆 스쳐간 여자들을 하나 둘 헤아려봤는데 서른아홉이더라.'
　삼십 년 전 이혼하면서 아들딸 아내에게 주고
　퇴임하고 고향 마을에 붉은 벽돌집 짓고
　울안에 철쭉꽃 금잔화 치자꽃 동백꽃 춘란 천리향 만리향 심어 가꾸고 살면서
　노래방에 가면
　'바람이 불면 산 위에 올라 노래를 부르리라 그대 창까지'를
　청승스럽게 부르곤 하던 친구,
　부정맥으로 절망하는 나에게
　'자네 만일 잘못되면 내가 뒤처리 다 해주께' 했는데
　그 친구 뇌종양으로 식물인간 되어 서둘러 떠나갔으므로 내가
　그의 뒤처리를 했는데,
　두 해 뒤 극락세상으로 가꾸던 그의 집은
　억새풀 띠풀 개망초 실망초 명아주 풀 쑥대 모시풀

키 차게 자라 있고

  나그네새 한 마리 만리향 나뭇가지에서 우짖고 있었습니다.

  아, 누구인들 이 세상 다녀가는 나그네새 아니겠습니까.

옹달샘

고향집에 갔더니
혼자 사는 제수씨는 들에 나가고 없고
가난과 시와 사랑으로 방황하던 스무 살의 나를 잠 못 들게 하던
뒤란 언덕 밑의 옹달샘이
푸른 이끼 돋은 천장에서 순은색의 물방울로
퐁 퐁 표롱 퐁, 퐁 퐁 표롱 퐁
하고 노래하며 쪽색 하늘과 흘러가는 흰 구름
품에 안은 채 나를 반겼습니다.
서울에서 위장병으로 뼈 앙상해졌을 때
이 샘물 한 사발만 벌컥벌컥 들이켜면 거짓말처럼 나을 듯싶던,
나 군대에 갔을 적에 어머니가 꼭두새벽이면
정화수 떠놓고 칠성님께 빈 장독대 옆의
옹달샘
물 한 바가지 떠 마시고 고개 드니
싸아, 하늘이 얼룩져 있습니다.

'걸어 다니는 갓' 월계 한재순 선생

 선생의 어머니가 천관사 부처님께 빌어 낳은 선생은 키 150센티도 못 되는 데다, 짚뭇 하나도 들어 옮기지 못하는 약질이었습니다. 선생의 아버지는 선생에게 평생 먹고살 밑천을 마련해준다며 글을 읽혔고, 선생의 어머니는 살강 위에 동냥치들 접대용 개다리소반과 밥그릇 스무남은 개를 줄줄이 늘어놓고 적선하며 선생의 장수를 빌었습니다.

 『사서오경』 다 읽은 데다, 이백 도연명 두보 굴원 백낙천 소동파 줄줄이 외고 시를 지었고 명필 말을 들었지만, '걸어 다니는 갓'으로 불릴 정도였으므로 향교 출입하는 사람들이 동무 삼으려 하지 않았습니다.

 서당 훈장을 하는 선생에게 시집오고 싶어 한 여인이 있어, 선생은 슬하에 아들 둘 딸 둘을 두었습니다.

 임오년(1942) 뙤약볕 가뭄에, 며느리가 바야흐로 해산을 했으므로, 선생이 산골 다랑이 논에 물을 푸러 간 아내의 손을 갈아주려고 가는데, 네 살짜리 손자가 따라가면서 어부바, 어부바 울어댔습니다. 약질인 선생이 그놈을 업고 가다가 걸리다가 하면서 비탈

심한 자드락 길 따라 다랑이 논에 이르러 보니 아내가 방죽 물속에서 고이 잠든 천사처럼 누워 있었습니다.

  이후 홀로 살아온 선생이, 땅거미 내릴 무렵 풍월하러 갔다가 술 얼근하여 돌아오면 초등학교 다니는 그 손자는 달려 나가서 인사를 하곤 했는데, 선생은 그 손자를 끌어안아 가랑이 속에 끼워 넣고 어기적거리며 "너, 이놈, 너 때문에 너희 예쁜 할머니 잃어버렸다!" 하곤 했으므로, 손자는 그때마다 보얀 안개 너울 속에 고이 잠들어 있는 듯한 한 천사의 주검 모습을 떠올려야 했습니다.

  선생이 거처하는 사랑방에는 낮이면 근동 아이들이 와서 공자 맹자를 읽고, 밤이면 지필묵 장수, 상 장수, 채 장수, 사주쟁이, 훈장 자리 보러 다니는 가난한 선비, 목수, 미장이, 날품팔이 들이 와서 밥을 얻어먹고 잠을 자곤 했습니다. 선생은 밤이면 나그네들에게 이야기를 시켰고, 선생 스스로도 도깨비 이야기 호랑이 이야기 신화 전설 홍길동 이야기 임꺽정 이야기 춘향전 심청전 흥보전 삼국지를 이야기했습니다. 마을 어른들은 한도 끝도 없는 선생의 이야기를 들으려고 왔다가 선생의 방 여기저기에서 비비적대며 잤습니다. 옆에 늘 그 손자를 두고 머리 쓰다듬으며 글을 읽혔는데 그놈이 키 172센티로 크게 자라서 시방 이 시를 쓰고 있습니다.

아, 사랑하는 나의 할아버지, 내 글의 시원.

만성(晩星) 한용진 선생

 어린 시절 체구 작달막하지만 또록또록 야무져서 '쌀개'라고 불리던 선생은 씨름판에서 자기보다 체구 훨씬 큰 상대를 잽싸게 쓰러뜨리곤 했는데, 공자 맹자 읽다가, 세상하고의 큰 씨름 한번 해보려고, 열쇠 쥔 할아버지에게 고등보통학교에 보내달라고 졸랐지만, 그 할아버지는 궤상에서 인감도장을 마당으로 내던지며 "너 이놈, 힘세고 똑똑한 애비 만났으니, 논이나 팔아갖고 가거라" 하여, 그 신학문 공부 접고, 서울 우이동 봉황각에서 동학 공부를 하고 돌아와 고향 마을의 양영 사립학교 훈도를 하며 농촌 계몽운동을 하다가 한 눈빛 초롱초롱한 여학생을 아내로 맞아 살았습니다. 허약한 몸으로 서당 훈장 노릇 하며 떠도는 아버지의 무능 때문에 문약을 싫어한 선생은, 중년에 교통사고로 다리를 다쳐 손수 쟁기질을 할 수 없어 놉을 부리곤 했는데, 미리 쌀 퍼주고 사놓은 놉이 남의 일을 하러 가버리자 울분이 끓어나, 고등학교 갓 졸업하고 돌아와 문학 공부 한답시고 죽치고 있는, 얼굴은 흰하지만 대가 물러서 불만인 열아홉 살의 둘째 아들에게 쟁기질을 시키며 "남의 속에 든 글도 배우는 사람이, 눈에 뻔히 보이는 이 따위 쟁기질 못 하겠냐? 내 불 내가 켜고 게를 잡아야지 남의 불을 뒤따라 다니면서 게를 잡는 놈은 항상 슬픈 법이다"하고 말했는데, 그 말 따라 세상 쟁기질을 거듭하고, 자기 불 켜들고 게를 잡아 버릇한 그 아들은 장차 시인 소설가가 되었습니다.

  아, 아버지, 나의 아버지.

박귀심 부인

 팔등신인 데다 머리 영리한 자기가 며느리로 들어옴으로 해서 참새 같은 시가의 씨가 고래처럼 늘어났다는 자궁 권력자 박귀심 부인은, 처녀 시절 이름이 점례였고 올해 94세입니다. 부인은 덕도에서 태어나 예배당에서 한글을 깨치고 사립 양영학교에 들어가 아홉 살 위인 홀아비 선생이 써준 원고대로 농촌 계몽 연설을 했고, 열일곱 살 되던 해에 그 홀아비 선생에게 시집 가서 열한 명의 아들딸을 생산했는데, 갓난아기였을 적에 셋을 날려 보내고, 환갑 막 지낸 그 선생 남편 먼 나라로 보내고, 열아홉 살 된 딸 하나와 환갑 직전의 큰 아들과 마흔다섯 살의 셋째 아들을 앞세우고 나서, 둘째 아들과 며느리의 봉양 받으며 사는 요즘 시아버지와 남편의 노랗게 빛바랜 사진 앞에 놓아두고, 꼿꼿이 앉은 채 저승에 가신 시할머니 시할아버지, 시아버지 시어머니, 남편, 그리고 하느님들과 목청 높여 말씀을 주고받습니다.
 밥 이상으로 좋은 보약 없다며 며느리에게 밥 고봉으로 담아 달라고 하여 다 비우고, 둘째 아들의 큰 자식이 장가들어 고추 달린 놈 낳은 것 보고 죽고 싶다 했는데 그 소망이 이루어졌고, 또 막내딸 그림 전람회 하는 것 보고 죽겠다고 했다가 또 그것마저 이루어졌습니다. 이제는 오십대 막내아들의 영어 프랑스어 잘하는 열여덟 살의 손녀가 유학 갔다가 잘되어 돌아와 사는 것 보고 죽고 싶다하며…… 사인펜 사다 달라고 하여, 둘째 아들이 버린 종이 이면에 살아온 이야기들 괴발개발 써서 무더기무더기 쌓아놓고, 후세들에게 남길 유언들을 달력 종이 뒷면에 써서 바람벽에 만사(輓詞)처럼 주렁주렁 걸어놓고, 이후로는 오탁악세 질타하는 글을 써가는데, 그 속에는 자기 모시고 사는 둘째 아들과 며느리의 행동거지에 대한 상찬과 비판과 수복강녕 비는 기도들이 들어 있습니다.

아, 사랑하는 자궁 권력자, 위대한 나의 껍질, 나의 어머니여.

연(鳶)
—미백(未白)형에게*

스물 몇 해 전, 내 처 아제이자, 형의 고추맞잡이 동무인 진짜배기 촌놈 태웅이의 일로 만났을 때, 내가 '형의 연은 상층기류를 탄 까닭으로 짚더미에 기대 앉은 채 연줄을 잡고만 있어도 하늘 높이 잘 나는데, 내 연은 조악해서 좋게 날다가도 자꾸 가라앉곤 하므로 줄을 잡아채면서 달음질치지 않으면 안 되기 때문에 날마다 죽을힘을 다하지 않을 수 없소' 하고 말하자 형이 말했습니다.
'그것은 나도 마찬가지요.'

'미백 형, 우리 아직은 그 연줄 놓지 맙시다.'

이 편지 보낸 날 밤 꿈에 우리는 만나 대작하며 말했습니다.
'결국은 그 연줄 놓고 가야겠지요.'
'그럼 우리 연들은 어디로 날아갈까요?'
'글쎄, 어디로 갈까요.'
'어린 시절 별똥들 떨어져 쌓이던 천관산 천왕봉

억새 숲 근처 어디일 터이지요.*

* 이청준 소설집 『그곳을 다시 잊어야 했다』의 서문 가운데 "이제 석양녘 장보따리 거두는 심사"에서 차운.

| 해설 |

거울을 보는 꽃

김 춘 식

　한승원 시인의 이번 시집은 사물에 대한 물활론적 상상력을 꽃을 비롯한 '만유(萬有)'와의 대화로 풀어나가고 있는 것이 주요한 특징이다. 시인은 이 시집을 통해서 자신의 기억 속에 저장된 '생의 흔적들'을 사물과 대화하는 형식을 빌려 이야기로 풀어냄으로써 그 의미를 재음미한다. 기억을 환기하는 과정 속에서 시인은 그 기억에 결부된 사물들을 현재로 다시 불러와 기억에 대한 '객관적 상관물'인 그 사물의 이미지에 깊이 몰입한다.

　이 점에서 시인과 사물과의 대화는 실제로는 그가 지난 세월 살아온 시간 속에서 만난 모든 사람들의 흔적과의 대화라고 할 수 있다. 예를 들면, "쑥국화 떨기 꺾어 킁킁 향기 맡던 홀엄씨"(「쑥국화」)는 죽고 난 뒤 그 유골 가루가 쑥국화 위에 뿌려짐으로써, 시인의 기억 속에서 '쑥국화'로 다시 태어난다. 청상과 쑥국화의 만남은 이제 시인의 기억 속에 견고한 집을 짓고, 마치 신령이 깃든 꽃인 양 여겨지는 것이다. 마찬가지로 시인과 은밀하게 명다리 놓았다던 "신어머니"(「산 목련꽃」)는 흰 꽃상여 장식한 목련꽃이 되어 시인의 기억 속에 자리 잡는다. 이처럼 시인이 꽃을 비롯한 사물과 대화를 하는 이면에는 그가 살아온 시절의 기억들을 그 꽃과 사물들이 모두 기억하며 알고 있기 때문이라는 이유가 존재한다.

시인의 이런 물활론적 상상 속에는 사물의 '존재성' 혹은 '고유성'을 자각하는 것이야말로 진정한 아름다움에 눈뜨는 것이라는 생각이 뒷받침되어 있다.

「손거울」이라는 작품에서 "꽃한테 제 얼굴을 비쳐주려고" 거울을 가지고 다닌다는 아이는 꽃과 사물에는 모두 고유한 영혼이 존재함을 시인에게 일깨워준다.

〔……〕'네 할머니는 집 안에 꽃이 피면 어떻게 하시니?' '치자꽃, 족두리 꽃, 금강초롱꽃들이 피면 앞에다가 체경을 세워놓아요, 밤이면 초롱불을 켜 달아놓기도 해요'

가슴에 불이 환히 켜진 나는 생활지도 주임에게, '저는 가짜 시인이고, 이 아이하고 이 아이의 할머니하고는 가슴으로 시를 쓰는 진짜 시인입니다' 하며 손거울을 찾아 돌려주고, 이후 그런 손거울 하나를 장만하여, 세상의 모든 꽃들에게 얼굴 보여주기를 부지런히 하고, 그 손거울을 무수

히 제작하여 세상 사람들에게 팔고 또 팔면서 이때껏 잘 살아오고 있습니다. ─「손거울」 부분

시인은 자신의 시적 세계의 출발점을 아마도 이런 식으로 고백하고 있는 것이리라. 그가 써온 한 편 한 편의 작품이 모두 손거울들이었다면, 그 손거울들은 이제껏 세상의 모든 아름다운 사물을 되비춰 보여주는 역할을 해온 것이다. 사물들이, 꽃들이, 사람들이 자신의 아름다움을 스스로 감상할 수 있도록 하는 것, 그것이야말로 진정한 문학이고 시라는 것이다. 그러니, 시인의 기억은 어떤 점에서는 이런 거울에 비춰진 '상(像)'에 대한 기록이고 증언이라고 할 수도 있을 것이다. 한 세월 동안 바라본 '아름다움'에 대한 기억이 시인으로 하여금 다시 시를 쓰게 하는 것이다. "치자꽃, 족두리 꽃, 금강초롱꽃"들이 제 모습을 뽐내며 거울에 비춰보는 모습은 그 형상의 아름다움보다도 그 속에 깃든 꽃의 영혼이 더 아름답게 보이는 장면이다. 마치 제 아름다움을 만족스럽게 뽐내는 듯한 꽃의 '마음'을 여기서 살펴볼 수 있는 것이다.

한승원 시인이 꽃에서 발견한 것은 실제로는 그 꽃의 외면적 아름다움이나 화려함이 아니라 꽃의 생명력과 그 속에 깃든 개성이다. 꽃의 마음과 성격을 읽음으로써 시인은 꽃들을 자신의 기억과 사랑했던 사람들의 얼굴, 마음씨에 그대로 일치시킨다.

우주를 화려하게 색칠하는 것이 꿈인 나는
피어나는 것이 아니고
혈서처럼 세상 굽이굽이에 시를 쓰는 것입니다, 나는
향기를 뿜는 것이 아니고
사랑의 배앓이 하고 나서 달거리를 터뜨리는 것입니다, 나는
칠보 장식한 비천녀의 공후인
시나위 가락으로 출렁거리는 혼령입니다.
별똥 떨어진 숲까지 다리 놓는 무지개로
쨍쨍 갠 날의 음음한 콧소리 합창으로
원시의 늪지대 달려가는 암컷 사슴의 숨결로
우주를 화려하게 색칠하는 것이 꿈인 나는
피어나는 것이 아니고 혈서처럼 세상 굽이굽이에다
시 같은 웃음을 까르르까르르 알처럼 낳는 것입니다.
향기를 뿜는 것이 아니고 사랑의 배앓이 하고 나서
달거리를 폭죽처럼 터뜨리는 것입니다.
이상(李箱)처럼 객혈하는 것입니다.　　──「꽃」 전문

　꽃의 목소리를 빌려서 말하고 있지만, 위의 시는 실제로는 시인의 시에 대한 생각을 담고 있는 것이다. 꽃이 제 개성을 뽐내며 어느 순간 자신의 혼령을 세상에 온통 터뜨리는 것처럼, 시인은 자신의 고유성, 개성, 혼령을 우주 속에 화려하게 터뜨리고 싶은 것이다. 자신의 생명, 혼령

을 세상살이 굽이굽이에 메아리치게 하겠다는 이 생각은 그 자체가 물활론적 우주의 합창을 전제로 하는 것이다. 사실은 모든 사물과 꽃이 살아서 자신의 혼령을 세상에 아로새기듯이, 사람들도 자신의 삶을 이 세상에 어떤 흔적으로 남기고 간다. 시인은 꽃에 매혹되어 있듯이, 자신의 추억의 고랑에 새겨진 사람들에 관한 기억을 또한 소중히 여기고 있는 듯하다. 이 점은 그의 꽃의 미학에 대한 탐닉이 사람을 보고 기억하는 방식에도 그대로 적용됨을 의미한다.

"피어나는 것이 아니고 혈서처럼 세상 굽이굽이에다/시 같은 웃음을 까르르까르르 알처럼 낳는 것"이 '시를 쓰는 의미'라고 말하는 시인에게 시는 꽃이 피어나는 순간의 영혼과 생명력을 닮았고, 그 생명력은 모든 살아 있는 것들의 생리라는 점에서 시는 '우주' 전체와의 대화로 확장될 수 있는 것이다.

늦가을 고향 뒷산 자드락 길에 피곤 하는 쑥국화 송이송이 따다가 말려 씁쓰름한 맛과 향기를 우려 마시려고 달려갔는데 소복 차림 서넛이 쑥국화 위에 하얀 밀가루를 뿌리고 있었습니다.

산골 다랑이 논 근처에서 땔나무 한 묶음을 머리에 이고 자드락 길 내려오다가

쑥국화 딸기 꺾어 킁킁 향기 맡던 홀엄씨,

시동생들 시집 장가 보내고, 유복자 하나 이끌고 광주로 가서 파출부 노릇 하며 대학엘 보냈는데, 금남로
피의 소용돌이에 휩쓸려 돌아오지 않자, 하루도 빠짐없이 세 끼 밥 지어 차려놓고 기다리고 또 기다리다가, 가슴에 든 푸른 멍이 피고름 되어 죽어,
시동생들이 그녀 유골 가루를, 산 다랑이 묵정논에 뿌리고 남은 것 몇 줌을 꿀벌 잉잉거리는 황금색 쑥국화 송이송이에 뿌려주고 있었습니다.　　　　—「쑥국화」 전문

「쑥국화」「산목련」 등의 시는 실제로 시인이 알던 어떤 사람의 죽음에 대한 내용을 포함하고 있는데, 이 시편에서 시인은 그 죽음이 꽃의 생명력으로 다시 피어나는 모습을 암시한다.

인용한 작품은 앞에서 잠깐 거론했던 '청상'에 관한 것이다. "가슴에 든 푸른 멍이 피고름 되어 죽어" 황금색 쑥국화 위에 유골 가루로 뿌려진 그녀의 삶은 그 자체로 아름다운 것인데, 시인은 이런 그녀의 삶이 쑥국화를 그대로 닮았다고 생각한다. "쏩쓰름한 맛과 향기를" 지닌 황금색 쑥국화가 '홀엄씨'의 인생과 일치함으로써 사람은 꽃이 되고 꽃은 또한 사람의 개성과 인생의 사연을 간직하게 되는 것이다.

인생의 아이러니와 운명의 궤적을 돌아볼 나이가 된 시인에게는 흔히 말하는 사람의 '팔자' 또한 꽃에 얽힌 사연

으로 기억된다. 어린 시절의 기억 속에서 떠올린 "고향 마을 아제"는 한국 근대사의 '폭력성'에 의해 피해를 입은 희생자이다. 별다른 이유 없이 잡혀가 고문당하고 '냄새바보'가 되어 아무 냄새도 맡을 수 없게 된 아제에 관한 기억 속에는 '상처'와 '아픔'의 기억이 감추어져 있다.

그러나 시인은 이런 '상처'나 '아픔'의 기억을 전혀 다른 방식의 웃음으로 우회한다. '누리장나무 꽃'에 대한 기억과 '고향 아제'에 대한 기억이 서로 만남으로써 그의 기억은 '우렁이각시 같던 고향 아제의 처'에 관한 생각으로 확장된다.

어린 시절 고향 사람들은 하루거리를 앓으면, 짚허수아비를
쓰디쓴 암내 뿜는 누리장나무의 푸른 잔가지들로 감싸 하룻밤 품고 잔 다음
새벽녘에 삼거리 한가운데에다 버렸습니다.

내 토굴 동편 언덕의 누리장나무 8월 초순 들어
연분홍보라색 마름모꼴 꽃받침이 토해낸
다섯 개의 하얀 꽃잎이 네 개의 꽃 수술을 여치 더듬이처럼 내놓은 채
분향내를 뿜습니다.

누리장나무의 순을 잘라다가 나물을 해먹곤 하던
한쪽 다리 절름거리는 내 고향 마을 아제,
총각 때 수상한 나그네 재워준 죄로 잡혀가
고문당하고 냄새바보〔香氣癡〕 되어버린 그 아제,
발 고린내도 모르고
옷에 묻은 똥내도 모르고
깨소금의 고소한 향기도 모르고
밥 타는 냄새도 모르고
담배 불똥이 옷에 떨어져 타는 냄새도 몰랐는데,
어디선가 버들가지 같은 허리에 얼굴 보름달인
우렁이각시 하나를 얻어다가 알콩달콩 잘도 살았는데

나중 알고 보니,
그 각시
지독한 암내로 말미암아 소박을 맞은 여인이었습니다
　　　　　　　　　　　　　──「누리장나무 꽃」 전문

 어린 시절 고향 사람들이 "하루거리(말라리아)를 앓으면, 짚허수아비를/쓰디쓴 암내 뿜는 누리장나무의 푸른 잔가지들로 감싸 하룻밤 품고 잔 다음/새벽녘에 삼거리 한가운데에다 버"렸다는 이야기로 시작하는 이 시는 동일한 방식으로 근대적 폭력의 희생자인 '아제'가 그 상처를 이겨냈음을 보여준다.

인생의 아이러니를 이야기하듯이, 냄새바보가 된 아제가 "지독한 암내"로 인해 소박을 맞은 여인을 아내로 맞아 '우렁이각시' 만난 듯이 잘 살았다고 말하는 화자의 이야기 속에서 우리는 지나간 시절의 어처구니없는 '폭력'이 말라리아 같은 질병과 동일시되고 있음을 알게 된다. 하루거리를 앓듯이, 근대사의 폭력을 상처로 간직한 '아제'가 누리장나무 꽃 같은 각시를 얻어 잘 살았다는 이야기는 '암내'라는 결함도 세상을 아름답게 만들고 상처를 치유하는 중요한 기능을 하고 있음을 보여준다.

누리장나무 꽃의 암내와 하루거리의 관계는 아제와 암내로 소박 맞은 각시의 운명적인 만남을 그대로 닮은 것이다. 서로의 결함이 사실은 좋은 인연의 계기가 되듯이, 세상은 부족하고 결함을 지니거나 상처 입은 것들끼리 서로 살을 부비며 사는 곳이라는 생각이 이 시 안에는 이미 존재하고 있는 것이다.

누리장나무 꽃이 암내가 지독해도 하루거리를 치료하는 효능을 지녔듯이 모든 세상의 사물은 이미 그 쓰임새가 있는 것이다. 아제와 우렁이각시의 만남에 대한 기억은 이런 식으로 누리장나무 꽃의 암내와 서로 결부되어 시인의 기억 속에 하나의 단단한 추억을 만든다.

이번 시집에서 시인이 유난히 많은 꽃을 소재로 삼고 있는 것은 단순히 꽃의 아름다움에 대한 탐닉 때문만은 아닌 것이다. 즉, 꽃의 영혼은 시인이 알고 있던 모든 기억과 그대로 통한다는 생각, 그것이 꽃을 통해 자신의 삶을, 과거를 되돌아보고 있는 시인의 태도를 만들고 있는 것이다.
 이런 시인의 태도는 사물, 즉 모든 존재에 대한 교감과 연민의 태도라고 할 수 있는 것으로, 시인이 사물과 대화를 주고받는 이면에는 존재에 대한 섬세한 연민이 또한 존재한다.

> 『조선왕조실록』을 읽다가
> 눈이 시려 잠시 누워 눈을 붙이려다가
> 이런 빌어먹을 것들! 하며 방바닥과 담요 위에 널려 있는
> 하루살이의 주검들을 쓰레받기에 쓸어 담다가
> 깜짝 놀라,
> 하아, 이것들도 은빛 날개 두 짝씩을 가진 짐승이로구나!
> 탄성 지르며 화경으로 그놈들의 무지갯빛 나는 은색 날개들의
> 정교하고 아름다운 무늬와 결을 읽으면서
> 하아, 이놈들이 찬란한 날개를 가진 존재였다니,
> 하고 내내 느꺼워하다가
> 잠이 들어,
> 꿈속에서 또 『조선왕조실록』을 펼쳐 보다가
> 이런! 쯧쯧! 하고 혀를 찼습니다. 『조선왕조실록』의 갈피갈피에 우글거리는
> 하루살이들의 찬란하게 반짝거리는 날개들이 하도 덧없고

가엾어서. ─「날개」 전문

시인의 인간 혹은 존재에 대한 연민은 이 시 안에서 '날개'라는 것에 집중되어 있다. "그놈들의 무지갯빛 나는 은색 날개"를 화경으로 비춰보고 놀란 화자의 자각은 이런 것이다. "하아, 이것들도 은빛 날개 두 짝씩을 가진 짐승이로구나!"

'하루살이'라는 작고 보잘것없는 존재가 사실은 아름다운 날개를 지닌 채 생의 비상을 꿈꾸고 있었다는 자각은 시인에게 깊은 슬픔을 불러일으킨다. "하아, 이놈들이 찬란한 날개를 가진 존재였다니／하고 내내 느꺼워하"는 화자의 모습은 "이런 빌어먹을 것들! 하며 방바닥과 담요 위에 널려 있는／하루살이의 주검들을 쓰레받기에 쓸어 담"던 자신에 대한 깊은 후회를 또한 포함하고 있는 것이다. '작은 것들의 꿈,' 그 작은 것들의 '주검'이 알고 보니 무수한 열망과 꿈의 '주검'임을 알고 난 후의 '슬픔과 불편'이 시인의 가슴속을 파고드는 것이다. 그리고 이런 불편이 『조선왕조실록』의 갈피마다 우글거리는 하루살이를 다시금 살펴보게 한다. 물론 이때의 '하루살이'는 실제의 그것이 아니라 '비유'에 해당된다. 『조선왕조실록』이라는 역사책에 기록된 무수한 하루살이들, 바로 '인간'의 덧없는 욕망이 시인의 눈에 포착된 것이다.

역사책의 갈피마다 우글거리는 수많은 인간의 열망 또

한 찬란하게 반짝거리면서도 덧없고 가엾은 '하루살이의 주검'과 다를 바가 없기 때문이다. "이런! 쯧쯧! 하고 혀를" 차는 시인과 하루살이의 주검에 '느꺼움'을 느끼던 시인은 이 점에서 동일한 감성을 지닌 존재이다. 역사라는 거대함 속에서 작은 인간을 발견한 순간 느낀 깨달음, 그리고 한없이 작고 하찮은 존재의 아름다운 날개, 열망을 감지한 순간의 자각, 이 둘이 만나는 순간 모든 꿈꾸는 존재들의 열망은 찬란하고 아름다우면서 덧없고 가엾은 슬픔이 되는 것이다.

한승원 시인의 이번 시집에는 이처럼, 꽃에 대한 미학적 심취, 꽃의 영혼과 시적 영혼의 동일시, 과거의 모든 기억을 꽃의 이미지로 변주하는 작업, 역사 속의 인간의 덧없는 열망과 아이러니, 연민 등이 복합적으로 어우러져 있는데, 이런 여러 특징을 통합하는 핵심은 '혼령'이라는 신비한 힘에 대한 자각과 '이야기로서의 시'라고 할 수 있다.

우주와의 소통, 심미적 황홀경을 '혼령'의 교감에서 발견하고 있는 시인의 자의식 속에는, 이 세계가 모두 '혼령'으로 가득 찬 곳이고 이 '혼령'이야말로 모든 생명의 본질이자 기원이라는 생각이 존재한다. 그리고 시인의 이야기, 문학은 이 혼령을 보여주는 '거울'에 해당된다. 혼령을 품은 모든 존재가 자신의 '혼령'을 보고 자각할 수 있도록 하는 것, 그것이 아름다움이고 궁극의 시적 경지인 것이다. "혈서처럼 세상 굽이굽이에 시를 쓰는 것"이 "우주를 화려하게 색칠하는 것"(「꽃」)이라는 생각은 이런 시인의 자의식에서 나온 것이다.

특히, 이번 시집이 이야기, 즉 대화나 독백의 양식을 취하고 있는 것은 시인의 '회고'가 시라는 거울에 되비춰 보이고 있기 때문이다. 어쩌면, 시인은 이번 시집에서 무엇보다도 자기 자신의 기억, 삶을 '시'라는 '손거울'에 비춰보고 싶었는지도 모르리라. 시라는 거울에 비추어진 시인 자신의 삶, 기억이 어떤 혼령, 어떤 꽃의 모습으로 그려질 수 있을지에 대한 참을 수 없는 궁금증이, 그래서 이 시집의 갈피 마다에 새겨져 있는 것이다.

인생에 대한 참을 수 없는 궁금증, 그 호기심이 시인으로 하여금, 가슴속 저 깊은 곳의 기억을 지금 '손거울' 앞으로 꺼내놓은 채 자신의 모습을 다시 바라보게 하는 것이다. 이 시집이 어쩌면 한승원 시인이 그려보고 싶었던 스스로에 대한 예술적 초상이자 생의 자화상은 아닐까 하는 생각을 쉽게 떨쳐버릴 수 없는 것도 이런 까닭에서이다.

"세상 맛을 알 만큼 안 사람은/제 모습을 정원의 나무 한 그루로/가로 누워 있는 바위로/만개한 꽃으로 웃으며 사랑을 맞이한다 하고/그로 하여금 자기 몸내를 짐승처럼 킁킁 맡게 하면서/야생초 같은 그의 체취를 귀로 듣는다"(「세상에서 가장 향기로운 차」)라는 시인의 표현처럼, 그는 지금 자신의 모습을 짐승처럼 냄새 맡고 그 냄새를 다시 귀로 듣고 있는 중인지도 모르리라.